MW01625066

Pour Christy Hawkins

Texte traduit de l'anglais par Élisabeth Duval

Titre de l'ouvrage original : WHERE'S TUMPTY
Éditeur original : Walker Books Ltd., 87 Vauxhall Walk, London SE11 5HJ

11, rue de Sèvres, 75006 Paris, France
Loi n° 49.956 du 16 juillet 1949 sur les publications
destinées à la jeunesse : septembre 2009
ISBN 978-2-877-67631-1
Dépôt légal : septembre 2009
Imprimé en Chine

Diffusion l'école des loisirs

www.editions-kaleidoscope.com

Tilly et ses amis
vivent
tous ensemble
dans
une petite maison
jaune...

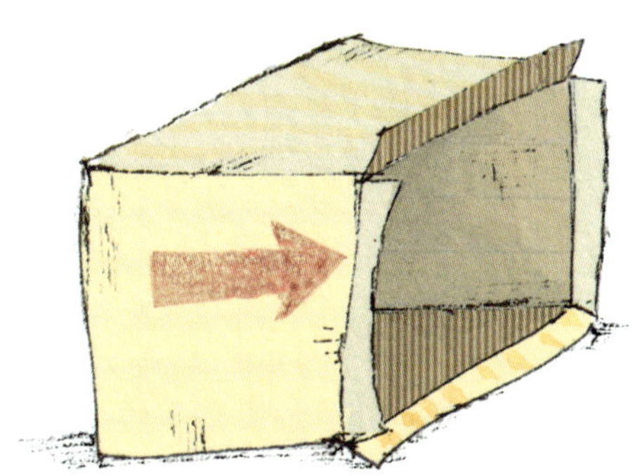

Où est Pachydou ?

Polly Dunbar

kaléidoscope

Pachydou
a les yeux
fermés.

Bien bien fermés.

« Bonjour,
Pachydou,
dit Tilly.
Que fais-tu ? »

« Je me cache, dit Pachydou.

Tu ne peux pas me voir. »

Mais si, Tilly **peut** voir Pachydou.

Alors, Pachydou essaie de se cacher
sous un grand carton d'emballage,
les yeux bien bien fermés.

« Que fait
Pachydou ? »
demande Hector.

« Il se
cache ! »
répond Tilly.

« Mais je le vois très bien », dit Hector en riant.

Alors, Pachydou essaie de se cacher
derrière une grande plante verte,
il a toujours son carton d'emballage
sur la tête et les yeux bien bien fermés.

« Mais que fait Pachydou ? » demande Coquette.

« Il se cache », répond Hector.

« Ne dites pas de bêtises, dit Coquette, on ne voit que lui. »

Alors, Pachydou se met sur le dos,
sous son carton d'emballage,
et derrière la plante verte pour essayer
de se cacher, avec les yeux bien bien fermés.

« Hi hi hi ! Regardez
Pachydou »,
dit Croco
en éclatant de rire.

« Il se cache », dit Coquette.

« Hum ! »

C'est tout ce que dit Pachydou.

« Pachydou est trop drôle », dit Tipeton.

Ils ne peuvent plus s'arrêter de rire.

Et

ils rient

et

ils rient

et

ils rient.

« Attendez,
où est
Pachydou ? »
demande
Croco.

« Il est
sans doute
caché »,
dit Hector.

« Cherchons-le
tous »,
dit
Tilly.

« Es-tu là ? »
demande Tilly
en ouvrant
le placard.

Pachydou n'y est pas.

« Je parie qu'il est derrière les rideaux ! »
dit Hector.

Pachydou n'y est pas.

« Non,
il n’est pas là non plus »,
dit Croco
en regardant sous la table.

« Peut-être
qu'il est
dans la boîte
à biscuits »,
dit
Tipeton.

Pachydou n'est pas dans la boîte.
En revanche, il reste
quelques biscuits.

« Je m’ennuie de Pachydou »,
dit Croco.

« Peut-être qu'il est vraiment parti »,
dit Tipeton.

« Pour toujours ! »
dit Hector
en pleurant.

« Je suis là ! » crie Pachydou.

Il bondit de derrière le canapé.

« J’étais juste bien caché ! »

« Hourra ! Nous t'aimons

beaucoup, Pachydou ! »

crient ses amis.

« Tu es tellement doué pour te cacher », dit Tilly.

« C'est vrai », dit Pachydou.

Et il termine tous les biscuits de la boîte.

FIN